BEI GRIN MACHT SICH IHR WISSEN BEZAHLT

AF168120

- Wir veröffentlichen Ihre Hausarbeit, Bachelor- und Masterarbeit

- Ihr eigenes eBook und Buch - weltweit in allen wichtigen Shops

- Verdienen Sie an jedem Verkauf

Jetzt bei www.GRIN.com hochladen und kostenlos publizieren

GRIN

Rankingfaktoren, Suchmaschinenoptimierung, HTTPS und Fake-News bei Google

Anabel Stracke

Bibliografische Information der Deutschen Nationalbibliothek:

Die Deutsche Nationalbibliothek verzeichnet diese Publikation in der Deutschen Nationalbibliografie; detaillierte bibliografische Daten sind im Internet über http://dnb.d-nb.de abrufbar.

ISBN: 9783346771339
Dieses Buch ist auch als E-Book erhältlich.

Druck und Bindung: Books on Demand GmbH, Norderstedt Germany
Gedruckt auf säurefreiem Papier aus verantwortungsvollen Quellen

Das vorliegende Werk wurde sorgfältig erarbeitet. Dennoch übernehmen Autoren und Verlag für die Richtigkeit von Angaben, Hinweisen, Links und Ratschlägen sowie eventuelle Druckfehler keine Haftung.

Das Buch bei GRIN: https://www.grin.com/document/1301554

Inhaltsverzeichnis

Abkürzungsverzeichnis

bspw.   =   beispielsweise

ca.   =   circa

HTTPS   =   HyperText Transfer Protocol Secure

mind.   =   mindestens

SEO   =   Suchmaschinen-Optimierung

sog.   =   sogenannte

z.B.   =   zum Beispiel

Aufgabenstellung

Alternative A

Google hat den Einfluss der Rankingfaktoren auf die Suchergebnisse erklärt, die für die wirtschaftliche Entwicklung von Organisationen entscheiden sein können. Die Rankingfaktoren bewegen sich zwischen den beiden Polen „starker Rankingfaktor" und „Tie-Breaker" (vgl. SEO-Podacast „Search Off the Record"). Analysieren und diskutieren Sie in diesem Kontext folgende Aspekte:

Aufgabe 1

Zu den Rankingfaktoren mit einem hohen Gewicht zählen zum Beispiel die Backlinks einer Website und inhaltliche Relevanz und Qualität der Website.

Aufgabe 2

Unter leichtgewichtige Rankingfaktoren fallen zum Beispiel die Verwendung von HTTPS, die als sogenannte „Tie-Braker" bezeichnet werden und bei einem Gleoichstand verglichener Seiten durch die Google-Einstufung den entscheidenen Unterschied ausmachen. Page-Speed bzw. Ladezeit fällt auch unter „Tie-Breaker".

Aufgabe 3

Auf welcher Weise geht Google mit dem Fake News-Problem in den Suchergebnissen um? Wie beurteilen Sie insgesamt die Rankingfaktoren von Google und die Macht der Suchmaschinen?

Aufgabe 1

1.1 Einführung in die Suchmaschinen-Optimierung

Google hat einen Marktanteil von ca. 95% und ist damit in Deutschland der Marktführer im Bereich der Suchmaschinen. Aber auch weltweit dominiert Google mit einem Marktanteil von ca. 80% aller Suchanfragen. Mit einem Marktwert von US$ 69 Mrd. ist Google eines der wertvollsten Marken weltweit. Google gründete im Verlauf ihrer Geschichte ständig weitere Tochtergesellschaften wie z.B. Google+, Google Maps, Google Earth u.v.m. Stand 2015 konnten über die Google-Suche mehr als 60 Billionen Websites aufgerufen werden. Google selbst erklärte, dass die Klicks der Suchenden die Ergebnisliste erstellen. Demnach wird ein Suchergebnis dann einen vorderen Platz einnehmen, wenn die Website sehr häufig gesucht und angeklickt wurde. Zu den weiteren Suchmaschinen gehören z.B. Bing, Yahoo!, Yandex oder Ask.com, die jedoch einen deutlich geringeren Marktanteil besitzen (Alpar, Koczy & Metzen, 2015, S.38-42).

Suchergebnisseiten, die die Nutzer*innen bei einer Suchanfrage angezeigt bekommen, werden als SERP (=Search Engine Result Pages) bezeichnet. Dabei lassen sich die Suchergebnisse in organisch, bezahlt und Anzeigen unterteilen. Obwohl organische Suchergebnisse den größten Teil der gesamten Fläche einnehmen, ist es Nutzer*innen oftmals schwer zu unterscheiden, ob es sich um organische oder bezahlte Suchergebnisse handelt (Alpar et al., 2015, S.43-44).

Um im Suchergebnis möglichst weit oben zu stehen, können Marketing-Strategien genutzt werden. Die gesamten Marketing-Aktivitäten von Suchmaschinen werden als Suchmaschinen-Marketing, kurz SEM (Search-Engine-Marketing) bezeichnet. Darunter lassen sich zwei Konzepte unterscheiden: Suchmaschinen-Werbung (SEA) und Suchmaschinen-Optimierung (SEO). SEA umfasst Maßnahmen, bei denen Online-Werbeformate nach der Eingabe von bestimmten Suchbegriffen auf der ersten Seite der Suchmaschine angezeigt werden. SEO bezeichnet alle Maßnahmen, die darauf abzielen, dass die eigenen Ergebnisse oder Corporate Website, eine bessere

Platzierung in der Trefferliste der jeweiligen Suchmaschine erzielt (Kreutzer, Rumler & Wille-Baumkauffer, 2015, S.83-84).

In der Suchmaschinen-Optimierung differenziert man zwischen Offsite-Optimierung und Onsite-Optimierung. Maßnahmen, die auf fremden Websites durchgeführt und initiiert werden, beschreibt die Offsite-Optimierung. Die Onsite-Optimierung hingegen bezeichnet alle Maßnahmen, die auf der Website selbst durchgeführt werden (Lammenett, 2021, S.224).

Die Ergebnisse eines Suchprozesses, werden aufgrund eines Algorithmus der Suchmaschine dargestellt. Dies hängt von der Aufmerksamkeit der Nutzer, von Sponsored-Links und dem Gesamtergebnis des Suchprozesses ab. Um die Online-Auffindbarkeit zu optimieren, bietet Google verschiedene Filter für Spezialsuchen in der klassischen Web-Suche an. So kann der Suchende die Fundergebnisse einschränken. Die allgemeinen Algorithmen von Google sind jedoch nicht allgemein bekannt. Daher gibt es verschiedene Optimierungsrichtungen und Rankingfaktoren mit hohem Gewicht, die zu einer langfristig guten Platzierung in Suchmaschinen hinwirken können (Kreutzer et al., 2015, S.95-96).

1.2 Ranking Faktoren

Rankingfaktoren dienen dazu, gefundene Suchergebnisse in eine sinnvolle Reihenfolge zu bringen, um relevante Ergebnisse vor weniger relevanten Ergebnissen anzuzeigen. Treffer die höher in der Liste stehen, sind somit relevanter. Suchmaschinen orientieren sich zwar an Listendarstellungen, werden jedoch durch weitere Kollektionen und Ergebnisse bearbeitet. Das Ranking wird dadurch in ihrer Komplexität verstärkt. Eine Vielzahl von Ergebnissen unterschiedlicher Herkunft müssen in der Suchergebnisseite zusammengestellt werden. Zu beachten sei, dass es das richtige Ranking für jedermann nicht gibt, da die eine Information für den einen Nutzer zwar sehr relevant seien kann, jedoch für einen anderen überhaupt keine Relevanz aufweist (Lewandowski, 2021, S.93-95; Heiss, 2022).

Im Folgenden wird das Rankingverfahren und die Rankingfaktoren mit hohem Gewicht wie z.B. Backlinks und die inhaltliche Relevanz und Qualität der Website genauer erläutert und diskutiert.

200-400 Faktoren fließen in die Bestimmung der Reihenfolge der Suchergebnisse und damit dem Ranking ein. Es sei zu erwähnen, dass der Algorithmus von Google ein sehr gut behütetes Firmengeheimnis ist. SEO´s konnten jedoch mit der Zeit den Großteil der Kriterien entschlüsseln, die für die Optimierung der Seiten relevant sind. Das Ranking wird demnach durch den Algorithmus berechnet. Vor allem Verlinkungen auf Unterseitenebenen werden als besonders relevante Rankingfaktoren einstufen. Aber auch die Autorität einer Website wird eine hohe Beachtung der SEOs geschenkt. Zu den wichtigsten Rankingfaktoren gehören z.B. Backlinks, Inhalte der Website, Ladezeit, HTTPS, Interne Verlinkungen oder Usersignale (Alpar et al., 2015, S.53-54; Lemmenett, 2021, S.223)

Rankingverfahren der Suchmaschinen werden zwar nicht offengelegt, jedoch können sich sechs Bereiche herausbilden, die für das Ranking der Ergebnisse eine entscheidende Rolle spielen. Durch textspezifische Faktoren werden Wörter der Suchanfrage mit den zu durchsuchenden Dokumenten verglichen und in die Treffermenge mit aufgenommen. Mittels Textstatistik wird dann der Suchbegriff in exponierter Stellen höher gewichtet. Zweitens wird die Popularität von Dokumenten durch Verlinkungen untereinander und dem Klickverhalten der Nutzenden gemessen. Der PageRank-Algorithmus von Google miss dabei die Popularität von Dokumenten. Ein weiterer Rankingbereich ist die Aktualität. Sinnvoll ist es, besonders aktuelle Dokumente mit hoher Popularität anzuzeigen. Des Weiteren spielt die Lokalität der Nutzer*innen eine wichtige Rolle. Ist der Standort der Nutzer*innen in Deutschland, so werden Dokumente aus Deutschland bevorzugt angezeigt. Durch eine Personalisierung werden individuellen Nutzer*innen angepasste Ergebnisse dargestellt, die aus vergangenen Suchanfragen aufgelistet werden. Zuletzt spielen auch technische Rankingfaktoren eine Rolle. Darunter versteht man grundlegende technische Eigenschaften von Websites. Dazu zählt beispielsweise die Ladegeschwindigkeit der Suchergebnisseiten (Lewandowski, 2021, S.95-96).

Backlinks

Links die von anderen Websites auf die eigene Website verwiesen werden als Backlinks bezeichnet. Sie spielen eine wichtige Rolle bei der Gesamtstrategie für das Wachstum einer Website, bei Suchmaschinenalgorithmen und SEO. Demnach werden sie als einen starken Rankingfaktor eingestuft. Besonders bei der Eingabe von kürzeren Keywords sind sie für ein gutes Ranking wichtig. Werden Websites auf vielen anderen Websites verlinkt, so schließen die Suchmaschinen daraus, dass sich der Inhalt lohnt und häufig angeklickt wird. Je mehr Backlinks eine Website aufweist, desto wahrscheinlicher ist es, dass sie als relevante Suchanfragen eingestuft werden. Somit wirken sich Backlinks positiv auf die Ranking-Position bzw. die Sichtbarkeit einer Website aus. Zu beachten ist jedoch, dass die Backlinks von einer Website kommen, die thematisch zur eigenen Website passen. Ebenso spielt die Qualität eine wichtige Rolle. Unseriöse Backlinks und Linktauschprogramme können sich negativ auf das Ranking auswirken. Je bekannter die Website des Backlinks ist, desto besser wirkt dies auf das Ranking (Harder, 2021; Kreutzer et al., 2015, S.109; Pfeil, 2022).

Eine Studie des Unternehmens Backlinko analysierte 11,8 Millionen Google-Suchergebnisse. Ziel war es, herauszufinden, welche Faktoren auf welche Art und Weise Einfluss auf das Google-Ranking einnehmen. Demnach war deutlich zu erkennen, dass das Ranking umso höher ausfiel, je quantitativer und qualitativer die Backlinks waren. Gleichzeitig spielte auch die Anzahl der Backlinks eine Rolle. Websites mit vielen Backlinks standen im Ranking deutlich weiter oben. Suchergebnisse, die an erster Stelle der Ergebnisliste standen, besaßen 3,8 mal mehr Backlinks, als Suchergebnisse auf den nachfolgenden Seiten. Ebenso wirkte sich die Anzahl der Backlinks von verschiedenen Websites aus. Demnach stieg die Rankingposition, je mehr Backlinks von fremden Seiten geschaltet wurde (Büttgen, 2020).

Inhaltliche Relevanz und Qualität der Website

Der Inhalt und die Qualität der Website ist ebenfalls ein entscheidender Faktor. Auch wenn die Optimierung der Website stetig zunimmt, bestimmt der Inhalt einen wesentlichen Bereich des Rankings. Demnach muss auf hochwertige Inhalte geachtet werden, um einen größtmöglichen Mehrwert zu liefern. Das Thema muss umfassend abgedeckt sein, die Texte sollten lang und holistisch sein und der Inhalt sollte eine Struktur aufweisen. Die Nutzer*innen müssen direkt angesprochen werden, damit für sie der Inhalt als relevant und interessant eingestuft wird. Jede Website sollte für ein bestimmtes Thema und eine beschränkte Anzahl von Suchbegriffen optimiert werden. Die Website sollte eine hohe Texthaltigkeit mit relevanten Schlüsselbegriffen aufweisen. Dabei spielt die Einzigartigkeit des Inhaltes und Stimmigkeit von Suchbegriffen eine tragende Rolle. Die Benutzung von Keywords zeigt den Suchmaschinen eine hohe Relevanz der Stichworte auf. Besonders Long Tail Keywords sind hierfür interessant. Dabei handelt es sich um eine Kombination aus mehreren Keywords und kann auch aus einer Aneinanderreihung von nicht zwangsläufig sinnverwandten Wörtern bestehen. Sie werden besonders dann eingesetzt, wenn die Qualität im Vordergrund steht und die Website sich von der hohen Konkurrenz abheben will. Damit wird besonders auf die mit der Website ausgerichtet Zielgruppe gesetzt. Ebenso wichtig ist mittlerweile das Responsive Design einer Website, welches an Tablets und Smartphones adaptiert sein sollte. Eine fehlende Relevanz des Inhaltes zeigt sich dadurch, wenn die Suchenden nach dem Anklicken eines Suchergebnisses, nach kurzer Zeit wieder zur Startseite der Suchmaschine zurückkehren. Dies kann sich negativ auf das Ranking der Trefferergebnisse auswirken, weshalb eine Erhöhung der Relevanz der Website-Inhalte unabdingbar ist (Kreutzer et al., 2015, S.104-105; Pfeil, 2022).

Aufgabe 2

2.1 Leichtgewichtige Rankingfaktoren

Die Onsite-Optimierung bezieht sich auf Maßnahmen, die auf der Website selbst durchgeführt werden. Darunter zählt z.B. die Optimierung des Textes, die Struktur oder der Programmiercode der Website. Die dazugehörigen technische Faktoren spielen ebenfalls eine Rolle im Ranking der Suchergebnisse. Sie haben einen Einfluss auf die Gestaltung der Dokumente und wie schnell sie abgerufen werden können. Sie zielen im Gegensatz zu anderen Rankingfaktoren mehr auf das Nutzererleben ab als auf die Qualität der Dokumente. Es lassen sich verschiedene Rankingfaktoren mit einer unterschiedlichen Stärke unterscheiden (Lammenett, 2021, S.236; Lewandowski, 2021, S. 127).

Zu den leichtgewichtigen Rankingfaktoren gehören zum Beispiel die HTTPS-Verwendung oder die Page Speed bzw. Ladezeit einer Website, die auch als „Tie-Breaker" bezeichnet werden. Im Folgenden werden beide Faktoren kurz dargestellt und im Kontext analysiert und diskutiert.

2.2 HTTPS

HTTPS ist eine Kombination aus einem Kommunikations- und Verschlüsslungsprotokoll. Das Kommunikationsprotokoll wird zur Datenübertragung mit dem Verschlüsslungsprotokoll (SSL/TLS) kombiniert. Dadurch entsteht eine abhörsichere Datenübertragung im Internet. Besonders Websites mit persönlichen Daten nutzen dies bereits. Im Adressfeld im Webbrowser ist das verschlüsselte Kommunikationsprotokoll grün hinterlegt und mit dem Symbol eines Sicherheitsschlosses gekennzeichnet oder innerhalb der Webadresse eingefügt. Seiten, die HTTPS verwenden, werden von Google bevorzugt. Dadurch versucht Google mit diesem Ranking-Faktor mehr Websites mit HTTPS-Protokollen zu generieren, um die Sicherheit im Netz zu erweitern (evergreen media, 2021; Lewandowski, 2021, S.208).

Nutzen Websites ein SSL-Zertifikat, um die Website mittels HTTPS zu verwenden, wird die Kommunikation und Interaktion auf der Website verschlüsselt übertragen und sind somit für Dritte nicht manipulier- und änderbar. Der HTTPS-Rankingfaktor ist jedoch ein eigenständiger Algorithmus, welcher auf einen bestehenden Suchindex angewandt wird und auf URL-Basis arbeitet. Um eine Website mittels HTTPS-Protokoll aufzurufen, muss ein SSL-Zertifikat verwendet werden. Dieses muss von einer anerkannten Zertifizierungsstelle genannt, ausgestellt und beglaubigt werden. Für Google muss der Webbrowser dieses Zertifikat validieren können, da sonst eine Warnung ausgegeben wird, welches ein negatives Signal hervorruft und denn HTTPS-Rankingfaktor nicht anerkennt. Wenn die Website also ein gültiges HTTPS Zertifikat besitzt, kann dies ein leichtes Rankingsignal auslösen (Sistrix, 2020).

Seit 2014 zählt Google HTTPS als Rankingfaktor auf. Jedoch scheint das HTTPS Ranking-Faktor Update von Google wenig Auswirkungen zu haben und wird daher als ein schwach gewichteter Ranking-Faktor gesehen. HTTPS haben im Vergleich zu anderen Ranking-Faktoren wie z.B. Backlinks bisher wenig Auswirkungen auf die Suchergebnisse. Bisher konnte nur angenommen werden, dass die SSL-Verschlüsselung ein positiver Rankingfaktor ist. Deutlich wird dadurch, dass HTTPS nur als leichtgewichtige Rankingfaktoren angesehen werden können, da viel zu wenig über das Ranking der HTTPS-Verwendung seitens Google offengelegt wurde. HTTPS-Protokolle wurden bisher nur selten für eine verschlüsselte Übertragung eingesetzt, da die Übertragung deutlich verlangsamt wurde. Online-Shops beispielsweise nutzten das HTTPS-Protokoll bisher erst ab dem Bestellprozess, wo kundenindividuelle Daten übertragen wurden. Mittlerweile kann aber die komplette Website über HTTPS abgesichert und verschlüsselt übertragen werden. Google möchte daher diesem Faktor in Zukunft eine bedeutsamere Rolle zuteilwerden lassen, indem das Unternehmen den Websitebetreibern genügend Zeit einräumt, um die Websites auf HTTPS umzustellen (evergreen media, 2021; Lammenett, 2021, S.252; Linder, 2022).

Um die Sicherheit von Google und der Website zu stärken, erklärt Google nun, Seiten mit SSL Zertifikat besser zu bewerten. SEO-Fachleute haben den Einfluss der SSL-Verschlüsselung auf das Ranking untersucht und dabei 30.000 Keywords bezüglich ihrer Relevanz ausgewertet. Eindeutig war dabei, dass Webseiten mit SLL Zertifikat deutlich besser gelistet wurden als Seiten ohne, sowie die Tendenz der Vorteile weiterhin anstieg. Die Studie kam zu dem Ergebnis, dass eine HTTPS-Verwendung mit ca. fünf Prozent an den Suchergebnissen der Seiten beteiligt ist. Damit profitieren Unternehmen mit HTTPS-Verwendung deutlich mehr als Unternehmen ohne. Die Nutzer*innen bauen entsprechend ein höheres Vertrauensverhältnis auf und stärken das Sicherheitsgefühl (Linder, 2022).

Es lässt sich also erkennen, dass obwohl die HTTPS-Verwendung als leichtgewichtigen Rankingfaktor eingestuft wird, in Zukunft deutlich an Gewichtung zunehmen wird. Google behält sich vor, den Rankingfaktor jederzeit stärker gewichten zu können. Demnach wird es auf Dauer zu dem Prozess kommen, alle Websites auf die HTTPS-Verwendung zu verschlüsseln. Je früher die Umstellung erfolgt, desto positiver wirkt sich dies auf das Ranking der jeweiligen Websites und den Suchergebnissen aus. Gleichzeitig wird aber auch die Sicherheit und das Vertrauen der Nutzer*innen erhöht (Lammenett, 2021, S.251-252; Lindner, 2020; Schröer, 2018, S.46).

2.3 Ladezeit bzw. Page Speed

Die Ladegeschwindigkeit einer Website wird ebenfalls in den Ranking-Algorithmus einbezogen und ist ein wichtiger technischer Faktor. Die Ladezeit bzw. Page Speed misst, wie schnell das Dokument geladen wird, wenn der Nutzer es in den Suchergebnissen anklickt. Suchmaschinen bevorzugen Dokumente, die schnell geladen werden können, da eine längere Ladezeit häufig zum Abbruch des Suchvorgangs führt (Lewandowski, 2021, S.127).

2010 gab Google bekannt, dass die Ladezeit bzw. Page Speed als Rankingfaktor verwendet wird und eine Rolle spielt. Es ist jedoch unklar, welchen genauen Stellenwert die Ladegeschwindigkeit im Ranking einnimmt, jedoch gehört sie heute zu einem Rankingfaktor mit niedrigem Gewicht. Denn Google erklärte, dass der Einfluss der Ladezeit auf weniger als 1% der weltweiten Suchanfragen hatte. Dennoch sollte die Ladegeschwindigkeit einer Seite optimiert werden, um das Ranking in der Suchmaschine zu verbessern. 2020 kündigte Google an, das Seitenerlebnissignale in das Google-Suchranking aufgenommen werden sollen.

Damit wird gemessen, wie die Interaktion des Nutzers auf einer Website stattfindet. Obwohl der Page Speed bzw. die Ladezeit im Ranking einen sehr geringen Faktor einnimmt, scheint die Ladezeit einer Website umso wichtiger zu werden. Lange Ladezeiten sind für den Nutzer und besonders auf mobilen Endgeräten besonders frustrierend. Für Google ergibt es demnach Sinn, schnelle Websites im Ranking zu fördern. Untersuchungen könnten bei der Absprungwahrscheinlichkeit herausfinden, dass sich diese um 32% erhöht, sobald sich die Ladezeit von einer auf drei Sekunden verschlechterte. Beträgt der Seitenaufbau mehr als fünf Sekunden stieg die Absprungwahrscheinlichkeit auf 90%. Auch die Chance, dass die Website noch einmal besucht wird, sinkt mit Dauer der Ladezeit enorm. Obwohl somit eindeutig gezeigt wird, dass die Ladezeit einer Website ziemlich wichtig ist, sagt Google, dass die Relevanz des Dokuments bzw. Contents zur Suchanfrage einen deutlich wichtigeren Rankingfaktor darstellt und somit höher gewichtet wird. Wenn der Inhalt der Website nicht nützlich ist, ist es also unwichtig, ob die Website schnell lädt. Der Inhalt steht für Google demnach immer noch an erster Stelle, weshalb die Ladezeit als Rankingfaktor nicht so stark gewichtet wird. Jedoch kann bei mehreren Websites, die inhaltlich den gleichen guten Content bereitstellen, die Ladezeit einen Unterschied ausmachen und als Qualitätsmerkmal entscheidend sein. Grundsätzlich beeinflusst eine schnelle Website die User-Experience aber positiv. Die Ladezeit ist nicht nur ein Rankingfaktor, auch eine gute Geschwindigkeit beeinflusst die Transaktionsrate einer Website positiv (Kästner, 2020; Lammenett, 2015, S.249; Sistrix, 2021)

Wie bereits erwähnt, steht für Google an oberster Stelle die Qualität der Dokumente. Demnach lässt sich erkennen, weshalb die HTTPS-Verwendung und die Ladezeit bisher als leichtgewichtige Rankingfaktoren eingestuft werden. Denn sie zielen nicht auf die inhaltliche Qualität der Dokumente, sondern vielmehr auf das Nutzererleben ab. Demnach werden Dokumente, die zwar inhaltlich gut geeignet wären, jedoch technisch nicht gut eingestuft werden, benachteiligt (Lewandowski, 2021, S. 127).

Aufgabe 3

3.1 Fake News

Der Begriff Fake News hat in den letzten Jahren an breiter Verwendung gewonnen. Besonders durch den früheren US-Präsidenten Donald Trump, der den Ausdruck regelmäßig verwendete, um unliebsame Nachrichtenkanäle und Journalisten*innen zu diskreditieren. Der Begriff Fake News kann mit dem deutschen Kampfbegriff *Lügenpresse* gleichgesetzt werden. Fake News werden aber konkreter als inkorrekte Nachrichten, Falschnachrichten oder Desinformationen gesehen. In einer Studie von Tandoc, Lim und Ling (2018) wurden in 34 wissenschaftliche Artikel zwischen 2003 und 2017 untersucht, wie der Begriff Fake News definiert und verwendet wurde. Dabei konnten sie die sechs Typen Satire, Parodie, Fälschung, Manipulation, Propaganda und Werbung identifizieren. Zudem stellten sie zwei Dimensionen dar, wodurch eine weitere Klassifizierung von Fake News erstellt werden konnte. Zum einen „Facticity", welche den Grad beschreibt, zu dem die Fake News auf Fakten beruhen und zum zweiten „The author´s immediate intention", also den Grad, in dem die Ersteller*innen beabsichtigen, die Rezipierenden in die Irre zu führen. Häufig nehmen Fake News das Erscheinungsbild echter Nachrichten an, um damit an Glaubwürdigkeit zu gewinnen. Dabei imitieren sie seriöse Nachrichtenquellen durch die Art und Weise der Website, wie der Artikel verfasst ist, durch Fotos oder Namensnennung. Allcot und Gentzow (2017) definieren Fake News als neue Artikel, die absichtlich und nachweislich falsch sind, und die Leser*innen in die Irre führen könnten (Übersetzt aus dem Englischen). Wardle und Derakhshan (2017) unterscheiden zudem drei Typen von Fake News anhand der Dimensionen Schaden und Falschheit. Zunächst werden die Dis-Informationen als Falsche und zielgerichtet erzeugte Informationen bezeichnet, die einer Person, sozialen Gruppen, Organisationen oder einem Land schaden. Mis-Informationen sind falsche Informationen, die nicht mit der Absicht erzeugt wurden, Schaden zu verursachen. Es werden wahre Informationen verdreht oder falsch ausgelegt. Die Mal-Informationen sind auf der Wahrheit beruhende Informationen, die genutzt werden, um eine Person, einer Organisation oder einem Land zu schaden. Fake News zielen also auf eine komplette Manipulation der Öffentlichkeit ab, die zu diesem Zweck bewusst und falsch erfunden sind (Appel & Doser, 2020, S.10-13; Nöller, 2021, S.34-35).

Alternative Fakten ist eine weitere Informationsform, die den Fake News sehr nahestehen. Sie schließen neben der Manipulation auch objektive Tatsachen mit ein, die zwar existieren, aber einem ganz anderen Kontext gestellt werden. Damit wird der Geschichte eine bestimmte Richtung gegeben (Nöller, 2021, S.36).

Im Folgenden soll analysiert und diskutiert werden, wie Google mit dem Fake News Problem in den Suchergebnissen umgeht. Außerdem werden die Rankingfaktoren und die Macht der Suchmaschine Google beurteilt.

3.2 Fake News und Google

Google ist eines der mächtigsten Internet-Unternehmen. „Googlen" ist wie bereits in den vorderen Kapiteln erwähnt zu einem allgemein verbreiteten Schlagwort geworden. Durch die Suchleiste auf der Startseite, kann in eine grenzenlose digitale Welt des World Wide Webs eingetreten werden. Die Suchergebnisse werden dann anhand einer langen Liste von Links dargestellt. Laut einer Umfrage werden die Suchmaschinenergebnisse von den Nutzern als genauso vertrauenswürdige Nachrichtenquellen eingeschätzt, wie Nachrichten aus dem Radio, Zeitung oder Fernsehen. Google bestimmt durch die Listung der Suchergebnisse, welche Informationen als wichtig und welche als nicht wichtig eingestuft werden. Durch den Page-Rank-Algorithmus werden die Suchergebnisse nach den Kriterien angeordnet. Je mehr Links auf eine Website verweisen, desto populärer werden die Seiten, wodurch eine Manipulation deutlich ansteigen kann. Somit können Firmen durch den sog. Google-Bombing gezielt vielfache Links setzen, um auf eine bestimmte Website zu verweisen, die Relevanz der Website zu puschen und die Ranking-Position zu verbessern. Außerdem entsteht ein Ranking nach persönlichen Vorlieben des Nutzers. Durch das individuelle Nutzungsverhalten können Persönlichkeitsprofile entstehen, wodurch weitere Suchergebnisse an das Persönlichkeitsprofil angepasst werden. Dadurch entsteht eine Verzerrung von Informationen, wodurch die

Informationsauswahl manipuliert werden kann (Jürgens, Stark & Magin, 2014, S.101; Zoglauer, 2020, S.64).

Wie erkennt Google nun solche Fake News und wie geht Google damit um? Die Technologie ist mittlerweile so fortgeschritten, dass täuschend echte Fake News erstellt und verbreitet werden können. Hochentwickelte Methoden erlauben es inzwischen aber, Bild-, Video- oder Audiomanipulationen zu erkennen. So lassen sich technisch eingesetzte Markierungen per Software identifizieren und den Ursprung des Mediums ermitteln. Durch die Google Bilderrückwärtssuche kann die Ursprungsquelle eines Bildes recherchiert werden. Dabei wird ein Bild in der Suchmaschine hochgeladen und Websites, die genau das Bild, andere Größen oder ähnliche Bilder enthalten, ermittelt. Sobald die Bilder in einem völlig anderen Kontext auftauchen, wird dies als Indiz für Fake News genommen. Bilder, Audios und Videos sind inzwischen schwer als Fake News zu identifizieren. Mithilfe der Google-Bildersuche lässt sich durch einen Screenshot den Urspruch herausfinden (Lmz, 2022).

Anfang Dezember 2019 beschlossen die Länder einen Medienstaatsvertrag, der die Medienintermediäre in die Pflicht nehmen soll. Bei Medienintermediären handelt es sich um die Darstellung von journalistisch-redaktionellen Inhalten von Dritten, die allerdings keine abgeschlossene Auswahl von Inhalten bieten. Um die Transparenz zu stärken, sind die Medienintermediäre, unter anderem auch Google, dazu verpflichtet, Kriterien offenzulegen, wie sie ihre Inhalte ausspielen. Dabei müssen zum Beispiel durch Social Bots erstellte Inhalte gekennzeichnet werden. Außerdem gilt eine Sorgfaltspflicht für die Veröffentlichung von Nachrichten, Informationssendungen und Berichterstattungen. Diese müssen auf ihre Herkunft und ihren Wahrheitsgehalt hin geprüft und unabhängig und sachlich gestaltet werden. Durch den Pressekodex wird die Sorgfaltspflicht bei der Recherche und Darstellung von Inhalten hervorgehoben. Gerüchte sollen als solche erkennbar gemacht werden, und die Informationen auf den Wahrheitsgehalt prüfen. Dabei dürfen die Inhalte nicht verfälscht oder verändert sein. Somit kann zwar die rasante Verbreitung von Fake News in den Suchergebnissen von Google vermieden werden, jedoch kann die Einhaltung der Vorgaben nicht garantiert werden. Viel Kritik hagelt es dadurch, dass bei

Nichteinhaltung der Vorgaben, keine spürbaren Konsequenzen seitens des Presserates erfolgen (Lmz, 2022).

3.3 Beurteilung der Rankingfaktoren von Google

Wie bereits erläutert, gibt es nicht das richtige Ranking, sondern nur eine Vielzahl möglicher algorithmischen Sichten auf die Inhalte. Das Grundprinzip des Ranking und Anordnung der Treffer der Suchmaschinen beruhen auf Annahmen.

Wie genau die Suchmaschinen funktionieren ist ein gehütetes Firmengeheimnis. Das Prinzip dahinter ist es, eine Software zu betreiben, um Internet-Adressen zu sammeln und anhand des Rankings nach der Relevanz aufzulisten. Anhand des Rankings wird dann der Inhaltgehalt, die Relevanz und die Wichtigkeit für die Benutzer*innen gewichtet. Doch das Ranking ist das eigentliche Geheimnis. Bislang sind nur einige Faktoren bekannt, die in das Ranking mit hineinspielen. Somit können die Websites ihre Inhalte verbessern, um in der Ranking-Liste höher gerankt zu werden und den Suchergebnisplatz zu verbessern. Jedoch steigt damit auch die Manipulation, um Web-Seiten künstlich besser zu ranken und in der Suchmaschine oben an erster Stelle zu stehen. Dazu gehört z.B. das bereits genannte Google-Bombing (Arp, 2006).

SEO-Expert*innen gehen davon aus, dass es in unterschiedlichen Branchen in Bezug auf das Ranking unterschiedliche Maßstäbe genutzt werden. Die Firma Searchmetrics konnte dies durch die konzeptionelle Änderung der Ranking-Faktoren-Studie 2016 herausfinden. Sie veröffentlichten 2017 für unterschiedliche Branchen unterschiedliche Rankingfaktoren. Demnach sind in unterschiedlichen Studien verschiedene Details zu finden. Die Fachwelt ist sich zwar einig, dass ca. 200 bis 400 Ranking Faktoren herangezogen werden, um ein bestimmtes Keyword zu beurteilen und demnach eine Suchergebnisliste zu erstellen. Viele Ranking-Faktoren sind, teils durch Google selbst, belegt und bekannt. Viele andere sind jedoch nicht belegt und werden rein spekuliert oder kontrovers diskutiert. Empirische Untersuchungen zeigen demnach oftmals individuelle Beobachtungen und Ergebnisse. Somit ist eine klare, strukturierte Definition von Rankingfaktoren nicht möglich und demnach schwer zu beurteilen, wie stark Google selbst strategischen Einfluss auf die Suchergebnisliste einnimmt und beeinflusst. Ebenso ist nicht klar, welche Faktoren wie stark gewichtet werden (Lammenett, 2021, S.223-224).

Durch Google Trends bspw. kann überprüft werden, welche Begriffe besonders häufig bei Google gesucht, welche Keywords gerade angesagt sind und welche Videos besonders häufig angeklickt werden. Zudem lässt sich einsehen, wie das Interesse eines Suchbegriffes sich zeitlich verändert. Besonders populäre Seiten oder Suchergebnisse lassen sich dadurch ungefiltert aufzeigen, da die Suche von unterschiedlichen Nutzer*innen vorgenommen wird. Jedoch ist hier auch nicht klar, welchen Einfluss Google selbst auf die Trendanzeige ausübt (Kamps & Schetter, 2020, S.30).

Um die Qualität der Suchergebnisse zu steigern und nicht nur das Ranking in Betracht zu ziehen, könnte Google auf der ersten Seite einen Mindestanteil an originären, nicht kommerziellen Sucherergebnissen aufzeigen. Nur wenige Nutzer*innen beachten Ergebnisse über die erste Seite hinaus, weshalb es umso problematischer ist, nur Google Produkte auf der ersten Suchergebnisseite anzuzeigen (Heidhues & Schnitzer, 2021).

3.4 Macht der Suchmaschine

Seit Jahren ist der Suchmarkt von Google fest in der Hand. Der Anteil an der Internetsuche beträgt von Google mehr als 90%. In der Medienwelt haben sie an enormer Macht gewonnen, da sie mitentscheiden, was wir im Internet überhaupt angezeigt bekommen. Sie strukturieren die Informationen vor und erzeugen eine angepasste Suchergebnisliste (Arp, 2006; Heidhues & Schnitzer, 2021).

Google richtet als Monopolist seine Innovationen darauf aus, das Unternehmen zu schützen und sich auf anderen Märkten auszudehnen. Somit schützt Google sich vor möglichen Konkurrenten z.B. durch Exklusivverträge, die den Marktzutritt für andere Suchmaschinen erschweren. Google kann mittlerweile genau messen, wie Suchende mit bestimmten Suchergebnissen interagieren. Das Klickverhalten, die Aufenthaltsdauer und Analyse des Suchverlaufes ermöglichen Google zuverlässige und schwer manipulierbare Rückschlüsse, welches Ergebnis für den Suchenden am besten sei. Einer Suchmaschine kann auch heute noch die fehlende Relevanz vorgespielt werden, um somit Websites durch unerlaubte Taktiken auf der ersten Seite anzuzeigen. Jedoch entscheiden primär immer die Nutzer*innen selbst, welche Seite sie öffnen und besuchen. Google hingegen konzentriert sich nicht allein auf die von außen manipulierbaren Faktoren, sondern testet beliebige Konstellationen von Suchergebnissen, um somit das beste Ergebnis für den Nutzer zu finden. Zwar möchte Google die Website am besten ranken, die das beste Ergebnis für den Nutzer ist. Jedoch werden am Ende immer die Nutzer*innen selbst entscheiden, welche Seite besucht wird (Kamps & Schetter, 2020, S.35-36).

Es zeigt sich somit deutlich, dass Google in Deutschland als wichtigste Suchmaschine mit der größten Reichweite gesehen wird. Google lässt mit ihrem Marktwert von über 90% ihre Konkurrenz Bing, Yahoo oder T-Online weit hinter sich. Weitere Suchmaschinen wie z.B. Web.de verwenden Google als Suchpartner. Demnach liegt die Konzentration in Deutschland deutlich auf Google, und das, obwohl z.B. das Ranking so undurchschaubar ist. Oftmals werden andere Suchmaschinen nur als Ergänzung zu Google genutzt, um zusätzliche, bessere oder andere Ergebnisse zu erhalten.

Literaturverzeichnis

Alpar, A., Koczy, M. & Metzen, M. (2015). *SEO – Strategie, Taktik und Technik* (1.Aufl.). Wiesbaden: Springer Fachmedien. doi:10.1007/978-3-658-02235-8

Appel. M. & Doser, N. (2020). Fake News. In M. Appel (Hrsg). *Die Psychologie des Postfaktischen: Über Fake News, „Lügenpresse", Clickbait & Co.* (S.9-20). Berlin: Springer-Verlag. doi:https://doi.org/10.1007/978-3-662-58695-2

Arp, A. (2006). *Die wachsende Macht der Suchmaschinen im Internet.* Zugriff am 01.06.2022, Verfügbar unter https://www.deutschlandfunk.de/die-wachsende-macht-der-suchmaschinen-im-internet-100.html

Büttgen, P. (2020). Studie zu Google-Rankingfaktoren: Diese sind wirklich relevant. Zugriff am 22.05.2022, Verfügbar unter https://t3n.de/news/studie-google-rankingfaktoren-1274632/

Google HTTPS Ranking-Faktor Update (2021). Zugriff am 23.05.2022, Verfügbar unter https://www.evergreenmedia.at/glossar/google-https-ranking-faktor-update/

Harder, N. (2021). SEO in 2021: Die 5 wichtigsten Rankingfaktoren. Zugriff am 22.05.2022, Verfügbar unter https://www.inventivo.de/blog/seo/seo-rankingfaktoren

Heidhues, P. & Schnitzer, M. (2021). *So dominant ist Google in der Suche.* Zugriff am 01.06.2022, Verfügbar unter https://www.faz.net/aktuell/wirtschaft/digitec/googles-dominanz-als-suchmaschine-die-macht-der-netzkonzerne-17365795.html

Jürgens P., Stark B. & Magin, M. (2014). Gefangen in der Filter Bubble? Search Enginge Bias und Personalisierungsprozesse bei Suchmaschinen. In B. Stark, D. Dörr & S. Aufenanger (Hrsg*.). Die Googleisierung der Informationssuche. Suchmaschinen zwischen Nutzung und Regulierung* (S.98-135). Berlin: De Gruyter.

Kamps, I. & Schetter, D. (2020). *Performance Marketing – Der Wegweiser zu einem mess- und steuerbaren Online-Marketing. Einführung in Instrumente, Methoden und Techniken* (2.Aufl.). Wiesbaden: Springer Fachmedien. doi:https://doi.org/10.1007/978-3-658-30912-1

Kreuter, R.T., Rumler, A. & Wille-Baumkauff, B. (2015.) *B2B-Online-Marketing und Social Media* (1.Aufl.). Wiesbaden: Springer doi:10.1007/978-3-658-04695-8

Kästner, M (2020). *Page Speed als SEO-Rankingfaktor: Alles nur ein Mythos?* Zugriff am 23.05.2022, Verfügbar unter https://wao.io/de/ratgeber/pagespeed-optimierung/seo-ranking/

Lammenett, E. (2021). *Praxiswissen Online-Marketing* (8.Aufl.). Wiesbaden: Springer Fachmedien. doi:https://doi.org/10.1007/978-3-658-32340-0

Landesmedienzentrum Baden-Württemberg/LMZ (2022). Was kann man gegen Fake News tun? Zugriff am 01.06.2022, Verfügbar unter https://www.lmz-bw.de/medien-und-bildung/jugendmedienschutz/fake-news/was-kann-man-gegen-fake-news-tun/

Landesmedienzentrum Baden-Württemberg/LMZ (2022). Wie kann man Fake News erkennen? Zugriff am 01.06.2022, Verfügbar unter https://www.lmz-bw.de/medien-und-bildung/jugendmedienschutz/fake-news/wie-kann-man-fake-news-erkennen/

Lewandowski, D. (2021). *Suchmaschinen verstehen* (3.Aufl.). Berlin: Springer-Verlag. doi:https://doi.org/10.1007/978-3-662-63191-1

Linder, O. (2022). *Warum jede Website ein SSL Zertifikat benötigt*. Zugriff am 23.05.2022, Verfügbar unter https://www.seo-kueche.de/blog/warum-jede-webseite-ein-ssl-zertifikat-benoetigt/

Nöller, T. (2021). *Verschwörungstheorien und Fake News* (1.Aufl.). Wiesbaden: Springer Fachmedien. doi:https://doi.org/10.1007/978-3-658-35748-1

Pfeil, O. (2022). *Wichtige SEO-Rankingfaktoren: Tipps und Tricks für die Praxis*. Zugriff am 22.05.2022, Verfügbar unter https://www.omt.de/suchmaschinenoptimierung/seo-rankingfaktoren/

Schröer, S. (2018). *Quick Guide. Online-Marketing für Einzelkämpfer und Kleinunternehmer* (1. Aufl.). Wiesbaden: Springer Fachmedien. doi:https://doi.org/10.1007/978-3-658-15939-9

Sistrix (2021). *Google PageSpeed: Die Ladezeit einer Website*. Zugriff am 23.05.2022, Verfügbar unter https://www.sistrix.de/frag-sistrix/pagespeed/

Was sind Backlinks? (2022). Zugriff am 22.05.2022, Verfügbar unter https://www.marc-heiss.com/seo/backlinks/

Zoglauer, T. (2020). Wissen im Zeitalter von Google, Fake News und alternativen Fakten. In Klimczak, P., Petersen, C. & Schilling, S. (Hrsg.). *Maschinen der Kommunikation* (S.63-86). Wiesbaden: Springer Fachmedien. doi:https://doi.org/10.1007/978-3-658-27852-6_4